Erimar dos Santos

Simplesmente Poemas

Erimar dos Santos

Simplesmente Poemas

Textos de criação do autor baseados no quotidiano, inspirados em seus sentimentos e às vezes num olhar crítico

JustFiction Edition

Imprint
Any brand names and product names mentioned in this book are subject to trademark, brand or patent protection and are trademarks or registered trademarks of their respective holders. The use of brand names, product names, common names, trade names, product descriptions etc. even without a particular marking in this work is in no way to be construed to mean that such names may be regarded as unrestricted in respect of trademark and brand protection legislation and could thus be used by anyone.

Cover image: www.ingimage.com

Publisher:
JustFiction! Edition
is a trademark of
International Book Market Service Ltd., member of OmniScriptum Publishing Group
17 Meldrum Street, Beau Bassin 71504, Mauritius

Printed at: see last page
ISBN: 978-620-0-10535-6

NA LOUCURA DOS PENSAMENTOS

Os pássaros voam livres, mas também fogem de seus caçadores, eu vivo empenhado à procura de uns fugitivos amores. Seria capaz de arredar um olho para um lado ou empurrar fortemente um grão de milho com ambas as mãos? Onde mora o segredo da sensibilidade? Os meus amores são de uma burra idade, e eu investigo as causas da minha insanidade, se minha crença na ciência nunca foi sempre verdade, quando o médico receitou para os outros um psiquiatra e me disseram: sois loucos, esse louco nos mata, essa droga é para doido, precisamos de outra terapia com menos loucura e mais utopia. Assim a minha alma afligia capturando somente o canto dos pássaros, porque os amores fugitivos ou presos, não cantam no silêncio como eles, mas nos encantam e nos enlouquecem ao passo que nos prendemos no manicômio das nossas mentes.

TENHO PRAZER

Tenho prazer no trabalho executado honestamente, no suor que escorre na face e arde nos olhos diligentemente, tenho e prazer no cansaço de cada dia, recuperado nas noites que o sono ao corpo contagia, tenho prazer no favor quando se é necessário ajudar ou ser ajudado, tenho prazer no pão que mata à fome e repõe as forças com todo o cuidado. Tenho prazer na vida, abastada ou sofrida, anciã ou pouco vivida, tenho prazer na paz pelo alívio que ela traz, tenho prazer na bondade quando se faz de espontaneidade, tenho prazer em ver os semelhantes felizes, amando, amados em suas raízes. Tenho prazer em todo o conjunto do universo, tenho prazer num povo unido e não disperso, tenho prazer num coração puro e sincero, na caridade, no amor entre nós verdadeiro, tenho prazer na empatia, na humildade que esmero, tenho prazer, tenho fé em todos os sentimentos bons que de nós humanos espero.

EM PROL DO AMOR

Ao ver o sol, a ver o mar, com o coração duro sem o desejo de amar. O som da gaita, um pendão arvorado, o choro de uma criança num peito desmamado. A ama-seca, o leite avultado, a alegria da criança, o choro consolado. E viver era doar o coração sem saber que a ilusão morava ali ao ver o sol e ver o mar. E a vida passa e não nos damos conta de que amar é preciso, amar o outro como se nunca houvesse amado. E a vida nos arrasta e nos tornamos fúteis e perdemos a essência desse sentimento. Há a urgente necessidade de amar o amor de mãe, amor de pai, amor de irmãos, amor de semelhantes. Há de se anunciar aos gritos, aos quatro cantos do mundo que amar é preciso, nos microfones, nas mídias informar que o amor é justo. É necessário, é obrigatório o amor, é necessário em todas as nações um manifesto em prol do amor. Examinemo-nos.

PREVALECERÁ A JUSTIÇA

A fé que me impulsiona adiante, latente me leva a sentir a vitória, em busca de uma glória futura que os olhos não veem, mas a esperança é a cura. Ver, viver e reviver o que traz a paz e o que leva à vida, olhar, tornar e retornar para o que é justo e verdadeiro, ouvir, sentir e ressentir o que toca o espírito e alegra a alma. O que é a vossa vida? É uma brisa que sopra e se vai, como a fumaça que se dissipa ao vento. Homem altivo, Deus te abaterá, não ria da própria sorte, considera os teus caminhos que são maus. Pois arma cilada ao justo e retesa o arco com a flecha aguda espreitando no caminho, escancara a boca com dentes afiados tal qual o leão quando rasga a presa, despreza os conselhos do Altíssimo e perverte o que é são, persevera em enganar e armar laços para que os justos e inocentes neles caiam. Balança enganosa é a vaidade daqueles que desprezam a própria alma, ficarão enredados em seus intentos de malícia, por isso não alcançarão o braço da salvação, nem subsistirão ante o tribunal da verdade.

UM FAVOR ESPERO

Na pressa eu busquei a Tua face implorando por perdão meu Deus e Deus meu, o pecado que há em mim trilhou o meu lombo tal qual o boi trilha o milho, apressa-Te em me socorrer pois são profundas as minhas feridas, vivem dissolutos aqueles que dizem ah! Não há Deus, contudo eu na minha paciência suportando as minhas feridas espero na tua misericórdia. Faça-me justiça ó Deus, pois a minha recompensa vem do Senhor que fez os Céus e a Terra. Mostra-me a razão do meu sofrer, me faça entender a tua vontade para que eu viva e diga o quanto o Senhor é bom e que o teu favor está sobre os justos.

NA MINHA FRAQUEZA

Na minha fraqueza pensei que já não havia mais esperanças, tanto choro, tanta angústia, nenhuma luz, rubor na face ante a escuridão, tais os sons melancólicos dos pombos eram os meus gemidos, sofridos em busca de perdão. Sem entender os meus caminhos que seguiam tortos por veredas sem paz, rastejando no pó sorvendo somente o que mais morto te faz, sem brilho nos olhos, semblante arriado pelo peso das culpas por tantos pecados. Na sarjeta padecendo sem vida, ergui os meus olhos e eis que senti a mão de Deus estendida, que leva à redenção, e os meus ouvidos ouviram uma voz que disse: filho segure firme a minha mão e não a soltes mais, se fores fiel e atentares com o teu coração para as minhas palavras, a formosura porei em teu rosto e te livrarei de atual e de futuro desgosto.

PRESA

O predador espreita a sua presa,
Indefesa, pelo medo desfalece,
É traiçoeiro, ataca de surpresa,
Esperançoso pelo que o apetece.

Na calada, na surdina é vigilante,
Seus sentidos apurados, aguçados,
Sua vítima paralisada um instante,
Seus instintos friamente calculados.

Se é fuga, terror, tortura ou morte,
O predador mantém a expectativa,
Se a caça alcançará boa ou má sorte,
Mas a sua ganância, saliva, saliva.

SEM PIEDADE

Os dentes foram todos quebrados ao morder o bastão da impiedade, a língua foi arrancada por testemunhar mentirosamente, os olhos furados ao ignorar a injustiça. O coração arrancado, os braços amputados, não tem alma mais, humano ou desumano tanto faz, as mãos sujas, os pés ligeiros, o sangue inocente derramado, vulpinismo, culpado e condenado, é sabido, mas não encontrado, é fugido, demonizado. Quem viu ficou horrorizado, maldito ventre que pariu tanta maldade.

ONDAS DE UMA INFÂNCIA PERDIDA

Vai-se um barco ao mar, se vai uma vida a sonhar, nas ondas que vêm e que vão, no balanço do tempo que se constrói um ladrão. Um filho que nasceu, uma história que se criou, num barco que se afundou, pelas ondas encapeladas, são relatos de vidas frustradas. Uma paixão ironizada por uma educação descabida, desencadeada por uma mãe despercebida, o pai era louco, vida totalmente bandida. O crescimento e a criação de forma desfavorecida, desigualdade social, oportunidades banidas. Um ser precoce abraçado pelo mal, por promessas ilusórias, busca real por coisas fatais, jamais satisfatórias. A perda do pai, brutal e inesperada, a entrega da mãe na esbórnia desenfreada, lançada a sorte, se alimentando à mão armada. Correria, herança criminal paternal herdada, fazendo alianças, territorialidade ampliada. Na atividade, efeito suicida, distante da área protegida, fuga alucinada. Sem medo, guardando os segredos que levam à culpa, disputas, para a guerra sempre encontra desculpas. A identidade preservada pela vida impopular, fama de quebrada. Essas tretas são danadas, acabam saindo por entre os dedos, impossível manter as mãos fechadas, por mais que cerre os dentes sempre a boca não permanece calada. E a língua de veneno se move inquietada pela inveja de parceiros que a muitos janeiros andavam de mãos dadas. Hoje a parada é grande, a informação já foi passada, se acertar esse trabalho, se aposenta como barão, além de deixar bem a maioria dos irmãos. Favelas, redutos, vielas, fortalezas de cabras putos, bandidos são muitos, mas poucos resolutos. Desce agora, corra e ataque, cerque, renda, com piedade não se mate, pilhe e despoje a contento e não pare, seja vento. A carga já foi tomada, dinheirada, dinheirada, saia do campo aberto, já soou a sirene, logo a polícia estará por perto. Trabalho perfeito, tudo como planejara, a alma lavada, o orgulho estreito, com gana bate forte no peito, olho no olho quero o meu e tem de ser do meu jeito. Não acredita em fada, é quem comanda a parada, se tem boca malvada a conversa é mudada. Traído não teve tempo pra nada, o sonho de barão foi acordar na enseada, com os olhos vendados e a boca amordaçada. Os seus inimigos queriam a sua vida tirada, e o prêmio do roubo dividiriam a bolada, portanto tudo tem o seu preço, desde a criancice o engano foi seu berço, na vida de ladrão não conseguiu verdadeiro apreço. Foi deixado para morrer à própria sorte, enganado, nos muitos amigos há sempre um judas, traidor que a alma do próximo desnuda. Desta vez muito alvoroço se fez na cidade, houve buscas incessantes, investigações para elucidar toda a verdade, ninguém escapa, a justiça anda e veste capa, tem olhos vivos e audição de morcegos, os traidores que deem as caras a tapas porque terão terríveis desassossegos. Um a um foram sendo trazidos, fechados nas grades, outros para os jazigos, se acabou a cambada de falsos amigos bandidos.

SURPREENDENTE

Com este amor me surpreendo,
É o memorável em despedida,
Em seus braços sempre me rendo,
Pois me consola nesta triste vida.

Está acima de todos os sentimentos,
É o constante exercício do bem,
É uma parábola em certos momentos,
Para quem não sente quando o tem.

Sou fraco por sua força e poder,
Atraco-me em seu corpo sólido,
Em sua teia vou me prender,
Para ser devorado esplêndido.

O amor meu amor tem tentáculos,
Quatro olhos com eterna visão,
Tem um fôlego e dá espetáculos,
Me sufoca num mar de atração.

LAMENTAÇÃO

Não há tréguas, já andei léguas,
Escalei montes e cruzei mares.

Fujo às pressas dos rumores,
Intrépidos que vêm de longe.

Deles o rosto não se esconde,
O temor se expande em águas.

O terror é apregoado em tábuas,
Os joelhos se derramam lentos.

A justiça vem aos quatro ventos,
Na terra há imensas desolações.

Um fogo que derrete os corações,
Exércitos de incontáveis multidões.

São iguais enxames de acrídeos,
Que infestam verdes plantações.

Enfraquecendo-as feito pulgões,
Na minha alma o uivo de canídeos.

OCIOSIDADE

Dois olhos em uma cara vadia, estampados numa cabeça vazia, numa mente em um cérebro ocioso, dita um corpo que a preguiça procria.

Mais um ser que não se avalia, incapaz de algo produzir pela sua energia, consumindo diariamente o precioso tempo da vida, como se tudo fosse folia.

MEDITAÇÃO

A paixão do eremita, no cume de um monte se exercita, é tudo tão estranho ao cosmopolita pela vida viajada, sempre com os pés na estrada.

Jamais feche os olhos ao mudo ou desvie a sua audição, seria no mínimo absurdo se o mudo ficasse surdo ou não tivesse a visão.

FALTAM GESTOS E ATITUDES

Seria hipocrisia não falar de amar, essa dificuldade tanta que os seres humanos têm em se manifestar, seria hipocrisia dizer que não há determinados interesses em que não há amor, mas a ideia de se unir o útil ao agradável, de se tornar uma união favorável. Seria inevitável sofrer, se se doar por amar alguém, pelas exigências muitas vezes cegas de quem recebe carinho e compreensão e nunca se sinta satisfeito, todavia ainda diz que há reciprocidade. Será hipocrisia e maldade, levar o outro ao sofrimento dizendo que o ama. Hipocrisia é amor de cama, se satisfaz e diz que ama, mas aliás nunca reclama porque o amor é apenas mais uma transa, trama ou drama.

A paz de Deus envolveu o meu coração, Ele é fiel, meu Senhor e guardião. Só Ele é Deus, outro não há igual, andando em Seus caminhos, terei vida eternal.

NOVA TERRA

A vivência é a constância dos dias onde os homens se embriagam da vida, e na velhice essa constância é inibida.

Sei que bem vivo estou, que um dia chegará a morte, sei que medo não terei, feliz morrerei.

A morte dirá: este está contente, vejo em seu semblante o descanso. Não mais afligido serei, minhas dores, manso neste mundo deixarei.

A minha sorte alcancei, da morte não voltarei a este mundo, dormirei um sono profundo até o despertar e uma nova terra verei.

ALUCINADO

Nas ruas a passos largos, cabelos arrepiados, é madrugada, alameda assombrada, suor frio, olhos estatelados, uivos de cães vagabundos, galos cantam cadenciados. Passos mais apertados, o assobio dos ventos, o medo de olhar para trás por sentir que há desconhecida companhia, não há vigias, respiração ofegante, batimentos acelerados, já os passos descompassados. A sensação de ser apanhado a poucos metros do abrigo, a adrenalina no sangue, entrando em pânico, uma voz em silêncio fala contigo: - você está em perigo, corra! Não há vigor, a alma desfalece, padece a mente em pavor. Prostração, vendo o abrigo, iminente ataque, todo encolhido, de olhos fechados, paralisado, um toque no ombro, terrível assombro. Olá amigo, amigo tudo bem?

SUAS ARMAS

A face da lua resplandecente, clareia a noite seu ambiente, se move tranquilo meio ausente, no silêncio. Luz, suas armas, suas descargas. A vastidão da metrópole onde as janelas têm olhos e as paredes têm ouvidos, passa despercebido. É longo o caminho, sempre sozinho, flui na escuridão. Sabe os segredos, conhece os medos dos covardes, é cauteloso, zeloso, e não chama a atenção. Sem rastros, imperceptível, abstrato, compaixão inconcebível, sem lágrimas, sem risos, gélido e implacável. Não há identidade comprovada, se vive e se move em meio ao nada. But he is not a killer. Su trabajo es limpiar las calles. Ratos com bons tratos que infestam a cidade, canalhas que engordam uma sociedade irmanada. A vil capacidade estruturada. Um estampido num canto de uma rua calada, denuncia uma ocorrência, é sua incumbência, sentidos em alerta, com a hostilidade flerta. Suas armas são descargas indolores, uma luz que converte o transgressor, se o alvo é atingido, morrem o ódio e o rancor, e o coração é convertido a propagar o que é o amor.

O FRUTO A SEU TEMPO

Há fraquezas em alguns membros do corpo em um corpo, há tristezas nas faces dos homens, os sorrisos se afastaram dos rostos. Há prazeres em tantos desgostos. Há um futuro conhecido, um há de vencer, outro há de ser perdido. Existem frases de quaisquer pressupostos, alguns leem, uns e outros creem, são passageiros o bem e o mal, não importa se está limpo ou se há sujeira em seu quintal. Haverá duração perenal. Há fracos e fortes numa batalha, a morte para uns nunca falha, fracos e fortes sobrevivem, mártires incríveis com suas histórias, umas verdadeiras, coroadas de sangue e de glórias, outras, falsas, mentirosas e vanglórias. Há incertezas nos cruzamentos, sinais vermelhos, verdes momentos, que se chocam em amarelados sentimentos, e da vida se fazem fragmentos, quando avançam paradas obrigatórias, e se atropelam nas rotatórias da vida. Ocorrerão renúncias assumidas em busca de forças, mas não em alimentos, ocorrerão conflitos nas mentes que emergirão em pensamentos, dos que plantaram hoje as sementes em terras férteis, pois ocorrerão colheitas severas.

QUEM SOFRERÁ O DANO?

Quem é aquele que vai andando levando os seus fardos pesados todo martirizado, se não aquele que não observou os seus caminhos, que pisou em terrenos minados, e com os espinhos se afligiu aos bocados? Quem é o homem que vendo uma luz, a transforma em uma pesada cruz e a joga nos ombros e se arrasta na escuridão? Há dois caminhos. Não se diz ao louco: não pule, nem ao sensato fique onde estás, para que porventura o louco não morra e o sensato resolva voltar para trás.

VACÂNCIA

Aqueles olhos eram meigos, aqueles lábios traiçoeiros, o sorriso convidativo, a fala destilava favos de mel. Um trajo peculiar, num corpo tenso ao luar. Não me deixou falar, mas também não conseguiria. Meus pensamentos não eram o meu guia, muito forte o palpitar do meu coração eu sentia, havia um tremor em meu corpo, me faltava fôlego. Estava confuso, maravilhado e indeciso. O que há comigo? Nem a conheço! Já me virou ao avesso. Esqueci dos riscos, mas mantive meus medos. Ela dizia: vem, vamos ao luar e que não termine tão cedo as nossas delícias. Entre a mim e eu te mostrarei a olho nu onde moram os desejáveis astros dos céus. Eu não estava ébrio, mas era noite e o vento açoitava os seus cabelos, e os meus olhos fixos nela não eram muito ligeiros, pois me embriagava o seu aspecto. De nada servia o meu intelecto, os meus sentidos não conseguiam um retrospecto de uns poucos instantes. Quanta dúvida, quem será ela? Era verão, e o calor sufocava os meus poros, suado e sem reação me senti intimidado. Olhei em volta, não havia mais ninguém, ela se aproxima para junto de mim, tenso eu balbucio, mas ela me ignora, sinto como se um fogo me consumisse, como se tochas flamejantes saíssem pela minha boca. Queria perguntar, quem é você? De onde veio? Para aonde vai? Não tive tempo. Me abraçou e me beijou paralisado, me envolveu em seus braços, cobriu o meu rosto com os seus longos e perfumados cabelos, para mim eram devaneios, eu estava me queimando, como se o sol estivesse me abrasando, e de repente me levava, eu via luzes, estrelas, não sabia mais onde eu estava, ouvia a sua voz: não se entristeça te deixarei ir assim que sentires o prazer que a carne não fornece, agora você é o fogo que aquece os nossos corpos, e eu sou luz. Então percebi que não havia mais volta desde o dia em que ela havia morrido.

O ESPOSO E A AMADA

E o dia se fez claro, e se fez clara cada manhã, e em cada manhã em que há vida tudo é perfeição ao ouvir o canto dos pássaros, quando os laços seguram a amada, futura esposa virgem imaculada, em todo tempo guardada, por muitas alvoradas. Vestes brancas alvejadas, pele viva colorada, com tons de frutas avermelhadas. Ela corre pelos campos com toda a liberdade e, na alma tem saudades dos olhos com fidelidade do amor da sua mocidade. Eis a virgem que espera o noivo que esmera quando o amor é mais poderoso e puro, que o instinto de uma fera. Bela e adornada, noiva desejada pela alma do amado. Tem o corpo intocado, será a amada do esposo desejado. As cerimônias já estão sendo preparadas, em breve entrará ao gozo do matrimônio com o esposo e as portas serão fechadas, a união será perpétua, haverá azeite para sempre e a sua lâmpada nunca se apagará.

MUITO MAIS QUE TODO O MEU SER

Quantas são as aflições, em que choramos, em que declinamos as nossas tristezas, quero tanto ser e te dar tudo o que necessitar, como quero tanto te fazer o bem, te ver feliz sorrindo sempre. Como quero estar sempre aos teus pés te buscando, me doando, se esquecendo de mim, te acolhendo com todo o amor possível. Como quero sempre em minhas mãos ter o bocado, a porção que te alimenta. Como desejo em meu coração, com toda a sinceridade, dar a minha vida por seu amor. Como quero, como choro porque ainda não posso. Como me entristeço por isto, não sinto outro desejo se não este de te dar tudo o que necessita, a você e aos nossos filhos. Já não tenho medo, tudo isto mais importa, se eu pudesse mover o tempo, eu não choraria mais, mas me entristeço. Além de tudo sou muito grato a Deus porque os tenho, porque sei que um dia todo choro, toda tristeza e angústia cessará, já não tenho medo, apenas choro às vezes por isto. Sei que estamos bem, mas como quero te dar além, muito mais que todo o meu ser.

SINTÉTICA PACIÊNCIA, LOUCA CONSCIÊNCIA

Fornecem nas ruas e em lugares ocultos alimentos à loucura, que só aumentam a procura, vendem dissolutamente a doentes ou normais as sintéticas paciências, tarjas negras na essência, mas também causam dependência e nem sempre são prescritos por pronta anuência. Existem fármacos que acalmam com muita eficiência, porém as metanfetaminas que devoram o consciente e podem causar demência assumiram a excelência, pois os lúcidos vão a elas em plena consciência. Gerações independentes cada vez mais pendentes aos vícios, atraídos pelos efeitos alucinógenos, ignoram os seus malefícios. Juventude transviada, com vida desregrada, esses são filhos de pais liberais, ou árbitros dos próprios desejos, experimentam e aprovam, não resistem e querem mais. Onde foram parar o conservadorismo familiar ou o juízo daqueles que se entregam à devassidão? Filhos sem pais, irmãs sem irmãos, vidas sem paz num mundo de ilusão.

DESEJO DE ME AMAR SEM PRESSA

O meu amor é luz da aurora,

Meu amor é força desumana,

Com seus anseios me devora,

E do meu coração se emana.

A minha felicidade a foi confiada,

Sustentada por minha fidelidade,

A minha esperança é eternizada,

Por seus atos de pura verdade.

O meu amor é videira frutífera,

Puros e desejáveis os seus frutos,

Tem o cheiro de madeira odorífera,

Tempero que suaviza até os brutos.

Sempre disposto, sempre em ação,

Com toda intensidade expressa,

O desejo cativo em seu coração,

Que é o de me amar sem pressa.

ROTINA DE UM VIGIA ANÔNIMO

É noite de lua clara, moro a poucos minutos do trabalho, sigo a pé, vejo não tão nitidamente o chão do calçamento, mas dá para andar sem usar lanterna. Por onde passo já no perímetro do local de chamada, não há iluminação artificial, subo bem devagar as escadas que são um pouco longas, um silêncio que se instalou aos poucos, devido ao avançar da noite. Há vegetações em todos os lados da escadaria: Capins Coloniões, Eucaliptos, Malvas, Assa-peixes, Betônicas e umas espécies que eu não conheço, sinto o cheiro do mato. Há dias que faço este trajeto, sozinho, anônimo, mas somente hoje atentei para a claridade do luar, além de com frequência orar durante o trajeto para o trabalho, andando: "Senhor meu Deus agradeço por mais este dia, por tudo que o Senhor me tem proporcionado até aqui; rogo a ti ó Deus que nos guarde em mais este turno de serviço; que nos dê a proteção e nos livre de todos os males; que nos livre dos acidentes, das perseguições, do engano e da mentira; Senhor meu Deus nos dê a luz para que os nossos pés não tropecem, a sabedoria para que nós sejamos justos, guia-me com o teu Espírito Santo; não permita que nós façamos as coisas por nós mesmos, mas que o Senhor seja a inspiração para todas as nossas atitudes; guarde os nossos sentimentos e pensamentos; que nós sigamos somente o bem e abominemos o mal; que nós levemos a paz. Acampem os teus anjos nos nossos setores de patrulhamento e não nos deixe confiar somente nos nossos coletes e nas nossas armas; ó Senhor seja com todos aqueles que estão imbuídos em prestar segurança àqueles que dormem e descansam em paz, guarda meu Deus os nossos lares com aqueles que amamos e queremos bem, porque ficarão sem a nossa presença; não nos deixe injustiçar ninguém, tampouco sofrermos a injustiça alheia, modera-nos, faça-nos prudentes. Senhor sei que sou pecador e imperfeito, mas tenha misericórdia de mim, me perdoa pelas minhas tantas faltas e me justifica, traze-nos de volta aos nossos lares, guardados e protegidos para os nossos e para que os nossos corpos descansem de mais uma noite de empenho, em nome de Jesus Cristo, Teu filho Bendito e Eterno". Amém! Após as instruções, nos equipamos e descemos para mais uma noite, esperamos pela misericórdia um turno em paz, mas nem sempre acontece, muitas vezes somos expostos, chamados para atendermos variados tipos de delitos, que nos consomem muita energia, afeta o nosso psicológico e fisiológico. Às vezes a noite é longa, ou demasiadamente curta, depende do andar da carruagem: poucos ou muitos chamados, condições físicas e psicológicas. Está raiando a alva do dia, chegando ao final de mais uma jornada, deslocando para o descanso merecido, nos desequipamos, e tornamos para casa. Hora de agradecer a Deus por mais um dia de vitória diante das adversidades, e por ter sido trazido de volta para casa incólume.

DA GUERRA AOS QUINHÕES

Eu estou eufórico, estupefato de fato com tantas loucuras, eu não sei para aonde vou nesta terra com tantos corpos de esculturas, caras engessadas, pescoços duros, rostos pintados nos muros, caricaturas em gravuras de revistas e jornais, em cada país, cada um com os seus chacais. As bocas grandes, os olhos arregalados, dentes afiados, mísseis apontados para todos os lados. O equilíbrio é dado por força de acordos em vários tratados, mesmo assim há disputas, em silêncio, há mortes, massacres, acidentes em mundos desconectados.

Quem me dera ter asas para voar,

Quem me dera ser capaz de ver,

Além do que os olhos possam ler,

Quem me dera poder me reinventar.

Quem me dera ter o dom da cura,

Ter nas mãos uma virtude mais pura,

Quem me dera encontrar o caminho,

Que me leve a cicatrizar-me sozinho.

Quem me dera ser um elemento volátil,

Introduzido em um corpo não táctil,

Levado por um vento que sopra ardiloso,

Inflamado de um fogo que queima furioso.

Quem me dera! O amor como bálsamo,

A perfumar as minhas breves canções,

A minha trova com estranhas paixões,

Quem me dera, da guerra aos quinhões.

NÃO DEIXAREI DE TE AMAR

Meu amor, o que há contigo? Eu não sei como te agradar, por que você está sempre de mal a pior e faz assim comigo? Mude o seu jeito de ser e verá que o meu ser não merece castigo.

Amor estou sempre pronto pra você, e eu só sei te querer, ser o seu abrigo, ande, me entenda, me favoreça, antes que eu me esqueça e arranque do meu peito o sentimento perfeito que te dou a contento.

Não deixarei de te amar se você se reencontrar e deixar de me humilhar, voltando aos tempos antigos, quando o nosso amor era a flor, orquídea de valor, vivificado pelo fulgor do sol embrasador.

DENTRE DOIS CORPOS

A união dentre dois corpos que faz sentir no coração, quando o amor invade a alma, dilacera a lua calma e devasta a cega paixão, dantes enraizada em vão, causando contradição entre o verdadeiro e a emoção quando é desperta a solidão.

Há a razão para a solidão num corpo viajando num profundo abismo, como uma fissão no tempo, ceticismo, quando o imaterial, parte em vida imortal. E a esperança ainda é viva no que vive, para sonhar e encontrar um amor livre.

A união dentre duas almas, duas carnes, numa só, na força ou fraqueza, em franqueza, nada almeja, a não ser a certeza de viver um amor fiel enquanto durem a terra e o céu, até que pela morte trágica ou natural uma vez se separem.

DEIXE DEUS TE ABRAÇAR

Em Teus caminhos encontrei a paz, quando a Sua luz para mim brilhou, hoje sigo e louvo ao Deus de Abraão.

Senhor com a tua Graça livrou-me do sofrer, libertou a minha alma, renovou o meu viver.

Os meus destinos Te entreguei, confiando na Tua bondade, bênçãos eu provei de verdade.

Ao Rei da glória que mudou a minha história, ao Deus altíssimo que me concedeu vitória.

Jesus, a Fonte de Água Viva, saciou a minha sede quando perdido eu estava, purificou a minha alma quando mais nenhuma esperança em mim restava.

Deixe o Senhor te abraçar, boas novas te trará, a tristeza e a solidão de ti se apartarão, e se a Ele se unir as promessas em ti se cumprirão, no céu irá entrar e eternamente viverá.

UMA PONTE, LONGA VIAGEM

Eu esperei passar os dias, envelheci, pois se passaram meses e muitos anos, eu odiei a minha espera, mas não eram os meus planos. Quando disseram: há uma ponte para atravessar, ela é longa. Ela liga a um lugar desconhecido, escolham e tomem a suas bagagens e sigam, mas não levem muito, para que porventura no meio da viagem não consigam mais carregar e não possam progredir, não se enfadem e não consigam se livrar delas. Quando alertaram: essa ponte é uma longa viagem e após ela o que os espera pode mudar as vossas vidas para todo o sempre, tudo será diferente, sigam em frente e não olhem para trás, se esforcem, tenham coragem e bom ânimo, lá o bem será permanente. Ao longo do caminho, muitos afoitos que levaram muitas bagagens que acharam serem boas foram se cansando e ficando para trás, começaram então a descartarem o que não servia, mas já estavam minados, velhos, certamente não chegariam ao destino, outros tiveram medo do desconhecido, pararam no meio da ponte e duvidaram se realmente seria algo melhor que os esperava, provavelmente morreriam ali ou voltariam, ainda outros, antes mesmo de chegarem adiante já olharam para trás, desistindo facilmente. Uma grande parte se contendia a respeito e não foi. Alguns tão próximos da chegada também desistiram e não tinham mais forças para voltar, a maioria olhou para trás e ficou incerta, uns se arrastavam, não dariam conta de chegar por causa das aflições, angústias e ansiedades. Do enorme contingente que saiu, poucos, mas, poucos dele, chegaram, atravessaram a ponte com as suas bagagens necessárias que escolheram e jamais olharam para trás, mudaram as suas vidas, seus destinos para melhor alcançando o bem. Partindo do pressuposto de que todos estavam em igual situação de dificuldades seguindo em vida, poucos foram os que conseguiram vencer e se salvar. Aplicando à realidade, a ponte é a viagem longa da vida, as bagagens levadas são os nossos pesos através das nossas próprias escolhas boas ou ruins, os entraves. Pararmos no meio do caminho, duvidarmos e olharmos para trás, é acharmos que na dificuldade que estamos é melhor do que lutarmos por algo que vai melhorar as nossas vidas em todos os sentidos para sempre, descartarmos as bagagens extras é querermos nos livrar das péssimas escolhas que já fizemos, por já estarmos cansados, é tentarmos nos livrar dos problemas sem sabedoria ao longo dos anos, iludindo a nós mesmos, nos impedindo de seguirmos em busca de mudanças, lutamos e não vemos progresso, cansamos e desistimos, nos tornamos ignorantes e cegos. Aqueles que mal caminharam e desistiram é porque escolheram bagagens pesadas demais e pereceram antes de poderem descartá-las. Os que se contenderam e nem foram, são os seus próprios fardos pesados, não conseguem se carregar. A dúvida e o medo são a falta de fé, e as aflições, angústias, e ansiedades em virtude do que se espera à frente, são os empecilhos que nos fazem perder as forças e nunca chegarmos a tempo porque já estamos em dificuldades na vida, para que mais, nos acomodamos, adoecemos. Aqueles que estão próximos do destino e que desistem sem forças para voltar, são os que cavam um túnel ao longo da vida em busca de pedras preciosas e gastam todos os recursos e perdem as esperanças quando já estão próximos das jazidas, ou seja, por um fator simples que era apenas mais uns poucos metros de escavação, e uns outros vêm sem muitos esforços e as encontram e se alegram e se maravilham porque ficaram ricos por terem gasto quase nada, estavam próximos do destino. Apenas os prudentes e sábios mesmos sendo maus, alcançam os seus objetivos atravessando a ponte com as suas bagagens que escolhem e não olham para trás, não têm medo, nem duvidam ou desistem facilmente, se contendem, se afligem, se angustiam, ficam ansiosos, voltam ou permanecem no mesmo lugar, enquanto eles têm a oportunidade de seguirem vivendo.

BARCO DOS SONHOS

O barco dos sonhos vem navegando em águas mansas, serenas e passivas, cheio de esperanças, eu o espero ansioso no porto, poder ancorá-lo em mim. Quem o guia, o faz com ciência e muita habilidade. Ele traz os meus sonhos de verdade àquela que vigia e guia os meus passos. Vem de longe, demorado, espero pacientemente e angustiado o realizar de uma intrigante coisa: o sofrer por amor.

LÍNGUA VENENOSA

O raio da roda gira sem raios,
O cubo num tubo de ensaios,
A carapuça embuça a cabeça culpada,
Quando o discurso não sabe de nada.

A língua, intrépido chicote mortal,
Açoita a alma quando a fala é do mal,
O corte é profundo, a cicatriz anormal,
E o que se dissemina pode ser fatal.

Presa ao corpo esse membro pequeno,
Logo liberta palavras tênues adagas,
Que penetram no coração com veneno,
Causando terríveis e profundas chagas.

Não tem freio nem pode ser controlada,
Somente não tropeça a boca fechada,
O mal pensamento não será descoberto,
Mas se escrito ou falado o dano é certo.

FALSO CUPIDO

Vede quanta falta me faz desde o dia em que partiu sem me avisar para aonde iria, quanto tempo já faz que você não liga mais, parece que tudo tanto faz.

Já fui o seu tesouro escondido, sua joia mais que preciosa, hoje perdi o valor, por você fui banido, já não me quer mais, de graça fui vendido.

Não fui o culpado por te ter perdido, mas por ter te amado além, sem ser percebido, e de mim esquecido, por isso não me deste valor, trocaste o meu amor por um falso cupido.

FAVELA

Na face do fácil há laço e ardil, na classe de baixo misérias a mil, no rosto de mosto desgosto se viu, na alma com trauma que embriagada caiu. Na floresta que resta tem festa bancada, há pobres que bebem e dormem em calçada. O luxo do lixo é lixa engrossada, o limo que lima a classe da classe folgada. No limbo, o cachimbo prima a boca, a fome que consome e está sempre oca, que na labuta conduta do pobre se cobre, da miséria tão séria e louca. Um menino felino sem leite, mofino triste resiste ao destino, na crença desavença que vença o impostor, por comida, pela vida, pela droga do remédio, por algum valor, e não cresça no tédio vendo do alto os prédios, e o mundo não seja uma bandeja que sempre se veja na televisão, onde o lixo é o luxo e os sentidos alimentam o fluxo da imaginação.

AMOR VERDADEIRO

Há uma luz, e essa luz é branca, há uma cruz, e essa cruz é pesada, há um caminho, e esse caminho é reto, há uma porta, e essa porta é estreita, há um coração, e esse coração clama, há um lugar, e esse lugar está preparado. Há um plano, e esse plano é perfeito. Há uma alma, e essa alma chora, há uma vida, e essa vida implora. Há uma dor, e essa dor não cessa. Há um Amor, e esse Amor é eterno. Há uma busca, e essa busca é constante, e incessante por esse Amor que nos é o bastante.

VELHA ESTAÇÃO DA LOUCURA

Eu anunciei de dia enquanto havia luz, que o velho trem de passageiros em cruz, que passaria naquela velha estação, chegaria de noite e não esperaria não, pois estava cansado de cruzar lado a lado nos trilhos o meu árido sertão.

Anunciei e esperei com muita atenção, o meu velho trem, naquela velha estação, fiquei sozinho, ninguém viajaria nem de noite ou de dia, nem jamais entraria naquela velha locomotiva, que levaria a deriva o meu inconstante coração.

Era o trem da ilusão, na velha estação da loucura, era somente eu numa viagem insegura, de vagão em vagão, ninguém que segurasse a minha mão, e o velho trem me levava, não haviam paradas, era longa a viagem, dias e noites de jornadas.

Oh maquinista! Pare essa máquina, a loucura me mata, a ilusão é nefasta, arranque os trilhos, descarrilhe os vagões, me leve de volta ao meu árido sertão, lá estava calmo, era muita sede e eu vi a miragem e me embarquei nessa viagem de alucinação.

MULHER E MÃE

Mulher, és a criatura de louvor, é incondicional o teu amor entre a espécie humana, do teu seio a força que alimenta emana, no teu ventre gera a vida em mistério divinal, se virtuosa, é esteio, é forte, é luz resplandecente. Um coração de largura imensurável em acolher a prole, a tua semente. Mulher, dádiva concedida ao homem, companheira e senhora, esposa e mãe, procriadora obsequiosa. Mulher, que aos prantos ignora a dor da concepção e se alegra por trazer um renovo ao mundo, sendo para um filho proteção e consolação. Mãe, sei que a senhora sempre vela por mim, sei que nunca me esquece, e às vezes com a minha ingratidão se aborrece. Que suportou tudo para que eu não me perdesse, aturou as dores quando me dava a luz sob os olhares e os cuidados de uma obstetriz, e assim permitiu que eu nascesse. Sei que fui amamentado por ti, e que não mediu esforços para me fazer o bem me ensinando o que verdadeiramente convém. Mãe, quantas lutas travaste para me guardar, como sofreste para me criar. Quantas vezes vi em teu semblante a tristeza, mas em teu espírito era maior a tua robusteza. Mãe não duvides do meu amor por ti, mas também sei que não tenho como retribuir todo o teu amor a mim dispensado e os momentos felizes que passei ao teu lado. Mãe agradeço imensamente por me gerar criança em teu ventre, por me suportar quando fui rebelde contigo, por ser meu exemplo de paciência e perseverança e me ter como filho e amigo. Pela senhora que foi uma virgem mulher, e a tua beleza não finda sequer, que ao amor se entregou e dele se desfrutou, se unindo ao homem da tua mocidade com toda jovialidade, que concebeu-me em dores, e abraçou-me em amores, e não me abandonou em nenhuma circunstância, mesmo que o sofrimento chegasse à extrema consequência. À senhora minha mãe e mulher e a todas as mães e mulheres do mundo que geraram e geram a vida com amor fecundo, a minha humilde e sincera gratidão.

DESLUMBRADO

Eu busquei com muita cautela um amor,
E encontrei com uma pessoa tão bela,
Tanto na aparência quanto o seu interior,
Eu sonhava em ter uma esposa singela.

Eu pensei antes que não suportaria,
O quanto a solidão me estreitava,
Ela veio em uma forma de alegria,
E num olhar e sorriso eu já a amava.

Ela me disse com toda a certeza,
Que o amor a encontrou no caminho,
Eu a agradeci com toda presteza,
Sinceramente por não mais ser sozinho.

Abracei-a forte em meu coração,
Em lágrimas me declarei emocionado,
Segurando firme a sua delicada mão,
Em reverência me ajoelhei deslumbrado.

PENSAMENTOS

Não coma o pão da mentira, nem beba o vinho da violência, para que não antecipe os seus dias ou seja julgado sem clemência.

Vê um sábio em sabedoria e considera a sua prudência, aparte do louco em sua loucura e o deixe sofrer a consequência.

Separe um bom amigo do coração, reserve-o com sinceridade, sempre estenderá a sua mão quando estiver em dificuldade.

Abrace a sua mãe e diga não sou digno, mesmo que a não queira bem, foi ela quem te deu a luz, por ventura viver não é um bem?

Não te apresses na adversidade quando pedirem o seu testemunho, não sejas preguiçoso, leia atentamente o que assina com o próprio punho.

Se puderes matar a sede a contento, agradeça ao que te propicia, porquê o soberbo terá sede, mas beberá do fel da agonia.

Se lhe faltarem calçados, louve o teu estado com fé, antes descalço, a sapatos sem pé.

Vê o esvoaçar dos pássaros migratórios, sempre encontrarão alimento, vê um homem daqui e dali, vem do suor o seu sustento.

COMO SE TUDO FOSSE FEITO DE ILUSÃO

Porque me olha assim desse jeito, como se tudo fosse feito de ilusão, porque não considera a respeito dos sentimentos em meu peito a devorarem o meu coração.

Andas assim tão indignada, já não me procura para mais nada, e fica nessa indecisão, como se a vida fosse longa para perdermos tempo em delongas, em infrutíferas discussões.

Meu coração já não suporta, vai acabar fechando a porta para essa relação. Meu amor não seja o caso das nossas vidas em atraso desperdiçando a sensação, que dos nossos beijos, nossos corpos, nossos abraços e amassos sela a nossa união.

Pode ter fim, mas durará, esperarei você mudar, e entender que o nosso amor nos alimenta como for, e o tempo criará a direção e nos fará lutar sem ilusão, alcançando a vitória e gravaremos na memória os nossos dias de amor e glória.

CONCEDA-ME O PERDÃO

Se desentendeu e brigou comigo me mandando embora dizendo que já era tempo e hora de tirar-me o abrigo, que já não dava mais e que eu me virasse e sozinho curasse os meus ais.

Saí desorientado e desiludido, fui para rua todo entristecido, o que fazer se fui humilhado e dispensado pela mulher que eu sempre quis ao meu lado.

Em uma avenida vi uma floricultura, entrei cabisbaixo e escolhi um buquê de flores mais lindas e puras, pedi um cartão e em linha de lágrimas não sabia a razão, mas escrevi o que senti com o meu coração:

Amor você sabe que eu tentei, fiz de tudo por nós dois, mas fui deixado pra depois e agora te suplico, depois de tudo o que pensei, receba estas flores com o perfume e a beleza no íntimo desses botões e leia atentamente estas palavras de tristeza que saem de mim em paixões.

Não me deixe assim senão morro, não tenho aonde pedir socorro, por que me abandonaste? Somente quero mais uma chance para te provar e te amar com uma avalanche de amores, sinta o perfume dessas flores e tenha compaixão, abra o seu coração e conceda-me o perdão.

ERRAR FOI MAIS FÁCIL

Errar foi mais fácil quando não havia saída, cercado por todos os lados com os olhos cegados acabei abrindo em mim uma grande ferida. Ela sangra, dói, mas constrói o meu caráter, suportável se desfaz feito éter em amor entranhável.

Uma ferida se abre e outra se fecha quando se tem brecha e não deixa cicatrizes, como se livrar das falhas em suas matrizes? A visão do certo conduz em liberdade em um caminho estreito.

Não foi um erro fatal, nem a ferida fez mal ao conjunto moral desse ser complicado, que se feriu, chorou e sofreu por ter escolhido você e ter te amado errado, todavia valeu, mas o culpado não fui eu por tudo ter se acabado.

SOU TEU SERVIDOR

Só eu sei o que eu fiz para ter você meu amor, para sempre o querer vai dominar o meu ser para ser teu servidor. A verdade e a razão me levam com certidão que você é a solução para me fazer feliz, quem me inventa é você como em um quadro negro de giz, que me desenha sem medo, e me guarda em segredo.

Meu amor eu sei o porque de te querer assim com tanta intensidade, pois não há em você nenhum indício de infidelidade e é para mim um conto sem fim de felicidade.

O amor que há em mim é todo teu, a minha alma está repleta, pois é você quem me completa e me leva até ao céu. Me pede que eu te dou amor, não disfarço sou teu servidor, as minhas mãos estão abertas, te amar é o que me resta e o meu coração nunca contesta, o que ele faz é estar em festa.

VOLTA POR CIMA

A alma chora porque você meu amor me deu um fora e me deixou preso na solidão, mas não demora para eu enxugar o meu pranto e dar a volta por cima e sair desse encanto que me deixa sem autoestima.

Ela me esnobou, meu coração ela furtou com toda perspicácia, eu o quero de volta, nem que me custe uma nota, não vou deixá-lo perdido, preciso o entregar a quem o quer amar e dar a ele prestigio.

Você verá a minha alegria e espero que nestes dias esteja preparada, pois essa alma que agora chora encontrou uma senhora que a dará prazer. Você será ignorada sem ter o que fazer, o seu valor será um nada e pagará um alto preço, também será esnobada porque para ex eu não tenho apreço e muito menos mereço.

QUE VENÇA O AMOR

Que vença o amor quando eu lutar por você, não importa a dor que eu hei de sofrer, sei que você não é fácil, mas não irei te perder, me dê apenas um pouco de atenção e ouça o que tem a dizer o meu coração que tanto ousa te querer.

Ele te fala de ternura, de te amar de alma pura, é o amor a sua armadura, também quer te levar sem limites para te dar do melhor que em mim há para te agradar.

Eu não lutarei em vão, não desistirei tão cedo, amanhecerei em ação com todas as minhas forças te buscando até que vença o amor que estou te dando e entenda que já estou te amando, e também te aguardando me aceitar, pois não hei de voltar sem uma resposta, se te amar não é apenas uma aposta, mas morrer por amor a ti ao menos que queira a mim, me servirá de proposta.

NÃO VEJO A HORA DE TE ENCONTRAR

Não vejo a hora de te encontrar e me confortar em teus braços, de olhar nos teus olhos e ver o brilho da tua límpida alma, acalmar o teu sorriso com os meus beijos, deitar no teu colo e recostar em teus seios.

Dizer que te amo, dizer que te amo, confessando a imensa falta que me faz, reivindicando o nosso tempo que ficou para trás, matando a saudade que a muito invade minha alma metade.

É teu amor que me alimenta, os teus carinhos que me fazem tão bem, sem você e eles eu não consigo ser ninguém. Estou nesta estrada voando, sonhando com a chegada, ansioso para ver a minha amada.

DEIXE-ME SENTIR VOCÊ

Deixe-me sentir você da forma mais preciosa e gratificante, deixe eu te amar como se nunca fosse o bastante, deixe eu me surpreender vivendo esse romance contigo lance a lance envolvente.

Mas não me deixe tão carente, te esperando porque você é mais importante, não seja inconsequente, desperdiçando mais uma chance se comportando de forma ausente.

Mesmo assim eu te vejo e te desejo em meus pensamentos, sei que já superamos os piores momentos, que o que há de vir eu não irei resistir com o amor colorindo os nossos sentimentos, e com os nossos corações acelerando os batimentos farei você sorrir e os teus olhos brilharem, todos os músculos do teu corpo vibrarem, lágrimas saltarem de alegria por estar feliz, segura, em paz e comigo em harmonia.

ESPERAR PRA QUÊ?

Em partes te quero e em partes te deixo, em nada te odeio, se tudo é rodeio sem nenhum desfecho, mas nada espero desse desleixo. Se os olhos se cansam e nunca descansam de ver a sua figura em plena clausura por causa de um amor ao qual está sujeito, que não tem a solução e a cura para tanta dor, o que pode ser feito é não sofrer por esse amor desse jeito, é cortar o laço estreito, é buscar outro amor que te trate com total respeito, que liberte o seu coração dessa injusta prisão, é lembrar de si e saber que ainda há quem ame de verdade, é viver a realidade e acordar para a vida, é não se prender em uma longa corrida sem condições de vencer.

BEBO E CHORO POR VOCÊ

Eu já não suporto mais a vida,
Você não quis mais me amar,
Não confiou em mim, teve dúvida,
Partiu sem esperanças de voltar.

Naquele antigo bar da esquina,
O nosso adorável botequim,
Lembro onde te conheci menina,
Como linda flor de um jardim.

Bebo e choro por você,
Que tristeza e solidão!
A saudade e a paixão,
Dilaceram o meu coração.

Ah se eu pudesse te encontrar,
Pra realizar tudo o que eu não fiz,
E em teus braços me entregar,
Para novamente ser feliz.

Bebo e choro por você,
Que tristeza e solidão!
A saudade e a paixão,
Dilaceram o meu coração.

HÁ UMA RAZÃO PARA ACREDITAR

Há uma razão para acreditar,
Que há um Deus que me criou,
Que há um Senhor para me guiar,
O Deus que a terra e céus formou.

Deus de todo poder e de glória,
Que me conta entre os abençoados,
Por amor mudou a minha história,
A misericórdia lavou os meus pecados.

Jesus me libertou da prisão,
Deu-me a razão para crer,
Que minha vida está
Em Suas mãos.

Fez-me filho de Deus Pai,
Também Seu co-herdeiro,
Hoje creio que ao céu se vai,
Obedecendo ao Verdadeiro.

Jesus me libertou da prisão,
Deu-me a razão para crer,
Que minha vida está
Em suas mãos.

FORTALEÇO-ME ALÉM DA DOR

Eu quero que você note,
O quanto eu te quero bem,
Que nada mais importe,
Meu desejo é te levar além,
Além do amor que ainda não provou,
Além das forças pra te sustentar.

Quem me dera ser só teu como um mar,
Pra me navegar tão mansamente,
E em minhas águas encontrar,
O caminho livre pra me amar.

Além do amor
Além da vida
Fortaleço-me além da dor.

Apesar de tudo há o mar da ilusão,
Os contrastes da contramão,
Àquele que se doa com compaixão,
Razão sem sustento,
Palavras ao vento,
Ideais de vendavais.

Além do amor,
Além da vida,
Fortaleço-me além da dor.

AINDA VENÇO A TIMIDEZ

Ainda venço a timidez,
Esta que me impede de chegar,
Aonde eu sonho ao menos uma vez,
Teus lindos lábios tocar,
Veja o que você me fez.

Oh linda e amigável mulher,
Ando tão embaraçado,
Você me dá bola, mas fico bolado,
Este cara assim incapaz,
De estar ao teu lado,
É o que o meu medo me faz.

Jamais pensei
Que olhasse pra mim com efeito
Fazendo-me assim
Este cara sem jeito,
Deixando-me afim
Com esse medo sem fim
A comprimir o meu peito.

CHEIRO DE MENINA

Estou te amando e é bom
O gosto vermelho do batom
Que arranco com meus beijos,
Na varanda o nosso som
Num tom romântico sertanejo
À noite aumenta o nosso dom
Despertando os nossos desejos.

Não tem pressa pra acabar
O amor que nós fazemos,
Deixe o tempo passar
Sem que nos preocupemos,
Onde tudo isso vai dar
Muito menos importamos,
Até o sol raiar
Nossos corpos sem cansar
Estarão se amando.

Como posso resistir
Esse amor que me domina
Nesse cheiro de menina
Que me embriaga o coração,
Ela mudou o meu jeito
E ganhou o meu respeito
Como uma premiada canção.

SEU JEITO INTRANSIGENTE

Eu te busquei
Feito um tesouro perdido
Que se esconde em segredo,
De valor mais que o ouro,
Te encontrei.

Eu percorri vários caminhos
Na esperança sem saber
Quais seriam os seus destinos
Se eu não pudesse te ter.

Meu amor eu gastei tudo
Pra trazer você de volta
O valor foi absurdo
Mas te amar é o que me importa.

Agora jamais se distancie
E se perca novamente,
Meu amor reverencie
Minha atitude inconsequente,
Seu valor é maior
Sua beleza indecente,
Mas não sei o que é pior
Que pode separar a gente
Não ter paz interior

Ou o seu jeito intransigente.

QUANDO TUDO CHEGA AO FIM

Quando tudo chega ao fim
O vazio toma conta,
Se perde o chão se ainda ama
E esse amor se torna afronta
Se quem perdeu ainda clama.

Querendo reacender a chama,
Se não há mais combustível
Para fogo que aquente a cama,
Já não é indivisível
O lar de amor que se transformou em drama.

Não adianta chorar
Muitos sinais foram dados,
Ainda é possível sonhar
Com os corpos reconciliados,
Se o tempo apagar
As mágoas nos corações maculados,
E em suas tábuas as feridas curar.

FOI MUITA EMPOLGAÇÃO

Quando a apresentaram a mim
Foi muita empolgação
Jovem, linda e agradável
Tudo em minha mão,
Com qualidades desejáveis
Logo despertou-me a paixão.

O amor veio aos poucos
Quando me encontrei
Já nos amávamos feito loucos,
Tão envolvidos nem pensei
Em viver sujeito aos sufocos.

Mar de rosas perfumadas
Com pétalas despedaçadas
Eu e minha amada.
Numa guerra travada.

As nossas diferenças
Surgiram em meio ao nada,
Desentendimentos, desavenças,
Atitudes malcriadas
A beleza no entanto
Virou palco pra piadas.

FUI UM BOÊMIO NA NOITE

Hoje eu canto as minhas dores
Na solidão,
Porque amei muitos amores
E os perdi sem razão.

Amores de outrora,
Mulheres de glória,
Cheias de gratidão.

Fui um boêmio na noite,
Casar seria um açoite,
Mas me desculpem os amores
Distribuí muitas flores,
Mas não mereço perdão.

Amores de outrora,
Mulheres de glória,
Cheias de gratidão.

TEMPO OPORTUNO

Eu pensei te confessar
Com todas as palavras
Que amar você
Era tudo que bastava,
Mas fui deixando acontecer
De um jeito que eu gostava,
E ao amanhecer
Do meu lado não estava.

Eu não soube entender
Aquela atitude insatisfeita,
Mas o que fazer
Nessa guerra que não mata,
Se for pra te perder
De forma tão exata
Não me deixe mais sofrer
Até outro amanhecer.

Não faz assim comigo não
Com essa insatisfação
O meu corpo está partido
Meu coração está dividido
E entregues em suas mãos.

Mesmo assim está correta

Perdi minha razão
Não confessei de antemão
Por isso a porta está aberta
Para que volte sem demora
Pois a saudade já aperta
Desde o momento em que foi embora.

Não faz assim comigo não
Com essa insatisfação
O meu corpo está partido
Meu coração está dividido
E entregues em suas mãos.

SE NÃO FOR PARA TE AMAR

Se não for para te amar,
Eu prefiro não existir
E se você não me quiser,
Te quererei sem te culpar.

Porque para isso eu nasci,
E não irei desistir
Desse grande amor
Que eu conservo por ti.

Se não for para ter você
Eu pergunto para Deus,
Eu ter nascido para que?
Para sofrer sem os beijos seus?

Eu quero e necessito ser
Tudo o que te traz fulgor
E em tudo o que eu te prover
Serei zeloso com todo rigor.

SIMONE

Uma centelha apenas
Acendeu dentro do meu peito
O maior amor a seu respeito,
Como em chamas serenas
Propagado apenas
Com o aumento do vento,
E queimam corpo adentro.

É o que tem sido comigo,
Esse fogo soçobro
De um amor mendigo,
Que me faz em brasas
E o coração em cinzas
Procurando por migalhas.

São teus meus desejos
Não consigo escondê-los,
Esse fogo que me consome
Neste amor que tem nome:
Simone! Simone! Simone!

PROMESSA DE RECOMPENSA

Caminhando pelas estradas
De tristezas e amarguras
Com todas as portas fechadas
Sem luz e às escuras
O homem não tinha esperanças
Se arrastando em suas andanças.

Destituído do bem
Já não via mais além
Do que a perdição e morte
Quando soou forte
O nome de Jesus
E o Seu sacrifício na cruz.

Abriu-se então os olhos
E ao Senhor se redimiu
Colheu então seus molhos
E seu valor se descobriu,
Sua alegria foi imensa
E de júbilo se cobriu.

Pela promessa de recompensa
Servindo ao Deus de amor
O justo não se cansa
De buscar o Seu favor

Através da aliança
Que ele fez com o Criador.

TE ADORAMOS
Nós te adoramos Senhor
Porque nos amou primeiro
Te servimos com amor
Nos entregando por inteiro
Deus de toda perfeição
Não somos dignos
Mas nos concede o perdão
Chamando-nos de filhos.

Oh quanta gratidão!
Faz-nos sentir
E nos extrai do coração
A essência de servir
Com reverência e vocação
Ao Senhor que nos resgatou
Com infinito amor
E tão alto preço por nós pagou.

Te adoramos Senhor
Te adoramos Senhor
Oh Deus de eterno amor
Te adoramos com fervor.

EM TUAS MÃOS

Deus meu em Tuas mãos
Eu me sinto tão forte
Corajoso e confiante
Em Tuas mãos
Rompo barreiras
E percorro chãos,
Não temo mais a morte.

Em tuas mãos
A minha vida é maravilhosa
E tem galardão
Aos que buscam preciosa
Redenção.

Senhor em tuas mãos
Eu sou mais que vencedor
Não tem mensuração
O Teu excelso amor
Que me inunda o coração
E o meu espírito se acalma
Se enchendo de esplendor
Em Tuas mãos a minha alma.

QUANDO EM TREVAS EU ESTAVA

Quando em trevas eu estava
Não havia solução
Quanto mais eu caminhava
Era cega a direção
Estava preso ao pecado
Sem esperanças do perdão
Perdido e escravizado
Minha vida sem razão.

Quando encontrei um moço
As suas cãs de algodão
Que me enviou a um poço
À beira do caminho
Onde a fonte era viva
Eu não mais fiquei sozinho
Disse: filho beba e viva
E nunca mais tenha sede
Eu sou a luz e sua dádiva.

O Deus que te concede
O perdão e a liberdade
Que abro os teus olhos
E te amo de verdade
Assim encontrei Jesus
A fonte do perdão

E tomei a minha cruz
Seguindo em Sua direção.

ÚLTIMOS SUSPIROS DE AMOR

Nada mais vale, nada mais importa
Dos verdes olhos que me ignoram
Nada é possível sem uma porta
Que te leve ao mar dos que namoram.

Ao mar dos que se amam
Mar pequeno, pouco navegável
Onde poucos são os que remam
E estes olhos num corpo adorável.

Neste mundo deplorável
Afogar-me-ia nessas águas
Sentindo-me sustentável
Esqueceria minhas mágoas
E seria a minha morte
De maneira indolor
Seria grande a minha sorte
Meus últimos suspiros de amor.

SÃO TANTOS BENEFÍCIOS

São tantos benefícios
Obedecendo ao Senhor
Não se alegra com sacrifícios
Mas misericórdias é o penhor
Podem haver tempos difíceis
Que nos tentem abater
Entretanto com Deus são fáceis
Se com a fé formos combater.

Irmãos não desanimem
Deus quer nos abençoar
Mesmo se a nossa fé minarem
Não devemos desanimar
Se batermos nos abre a porta
Nos encorajando pra lutar
Não nos deixa sem resposta
E o necessário Ele tem para nos dar.

VENENO MORTAL

Eu andei, corri e fugi enquanto pude,
Não olhei para trás por grande horror,
Assombrado tomei esta severa atitude,
Diante da fúria de um ódio avassalador.

Em tempos de paz, se faz a guerra,
As armas incutidas nas ideias,
A munição farta salta e não erra,
Através das podres bocas ateias.

A serpente de veneno ardente,
Que a língua rastreia as vítimas,
A víbora que revolve na areia quente,
Suas picadas são mortais e íntimas.

Os laços se me armaram prontos,
As ciladas postas em todos os cantos,
Os conflitos se contavam em pontos,
Porque a morte abraçava aos tantos.

ESPELHO DA ILUSÃO

Uma vez um sábio me disse,
Tolice, há um mundo de ilusão,
Desde a sua criancice,
Te envolveram em confusão.

Se meninos ou homem velhos
Me responda uma questão
Se vemos através de espelhos
Ou se é real a nossa visão.

Porque a mente é uma prisão,
E o que enxergam os olhos,
Falta muita explicação.

Para um homem ou um menino
Numa vida em expansão,
Veja a verdade, ouça o sino,
E se desperte da estagnação.

Com a sua imagem refletida,
Viverás o seu destino em vão,
Não libertará da confusão a sua vida,
Se não quebrar os espelhos da ilusão.

BATALHA DE INSATISFAÇÃO

A minha alma geme e chora,
Pela opressão que lhe é imposta,
Busco a paz, mas esta foi embora,
O que resta é tristeza que desgosta.

O que é fútil age de forma sutil,
Causa desequilíbrio e instabilidade,
O coração arma laço e ardil,
Com sentimentos que não têm equidade.

A dúvida traz medo e incerteza,
Se arma para uma guerra que não há,
Não existe um inimigo com presteza,
Que resiste, e nem combate ele dá.

Sofre os ataques de surpresa,
Não sabe quando eles virão,
Pode ser se alimentando à mesa,
Ou deitado na cama em comunhão.

Nunca percebe, está sempre indefeso,
Escapar seria a melhor solução,
Mas como fugir se você é o preso,
Nesta imensa batalha de insatisfação.

ANA PRECISAMOS CONVERSAR

Ana precisamos conversar,
Sobre promessas e dívidas,
Sobre estas coisas a pagar,
Às vezes às custas de vidas.

Ana minha filha não temas,
Pois conversemos em paz,
Lá fora há tempestades e lamas,
Nos abracemos neste cartaz.

Abramos os nossos corações,
Sejamos sinceros e claros,
O que te corta fere minhas razões,
Sua dor é minha sem reparos.

Nessa verdade mais pura,
Naquela promessa de amor,
Onde se confessou sem jura,
Pelo céu e seu esplendor.

Se você espera com diligência,
Receber a sua recompensa,
Com certeza e toda paciência,
Quem se endividou não pensa.

SE O VAZIO NUNCA SE ENCHE

Em tempos de ofertar amor, em tempos de conservar a vida, em dias de idas e vindas, nas alturas, nos abismos, no vazio da expansão dos medos, na fomentação dos credos. Quem explica um homem que quer fazer o bem sem segundas intenções? Por que sofrer o dano se não há nenhuma recompensa? Por que o mal também anseia bondade? Se morremos tudo se perde, por que para muitos há uma vida longa de enfados? Deveria ser somente glórias. E isso independe de classe social. Qual é a sua experiência mancebo até ser ancião? Quantas lacunas, espaços em vão, quantos desperdícios sem nenhuma pretensão. Onde irão parar os corpos que se arrastam pelo chão? Desprenderão os seus espíritos e as suas almas gemerão. Não importa se há razão para quem disse crer, para quem disse não. Quais as suas relações com o mundo? Se a medida do profundo nunca enche. Nada preenche as imaginações, os celeiros estão cheios, mas famintos estão os corações, a vida é uma procissão que somente vai adiante, seu prazo finda e nunca é o bastante, envolvida em questões em tempo ou fora de tempo, com alegrias ou desilusões.

LONGE DE AFLIÇÕES

Aparte-se de mim todos os laços que prendem suavemente, todos os intentos de engano, tudo que confunde a minha mente entre luz e escuridão, todas as forças que prendem as minhas mãos e as impedem de agarrar a libertação, aparte-se de mim todo o medo, todo segredo de sangue, os caminhos da maldade no que tange à falsidade. Abram-se os meus olhos e sejam fartos de justiça, afaste-se de mim a cobiça, me acompanhem a humildade e a bondade e que eu ouça e profira a verdade. Aparte-se de mim o frio intenso, a incapacidade de estar atento ao mal, seja o resto dos meus dias num imenso amor total.

POR QUE DEVO CHORAR?

Se Jesus é por mim
Por que devo chorar?
Se o Senhor me quer assim
É somente Nele descansar.

Porque todo o meu ser
A Ele entreguei
E se em Tuas palavras crer
Em paz me deleitarei.

Quando Cristo me disse
Arrependa-se e obedeça
A minha alma bendisse
Eterno amor que floresça.

Me vi num ambiente diferente
Sentindo-me tão valoroso
O mundo tornou-se distante
Tenho fé num céu glorioso.

Onde não haverá pranto
Nem a morte e nem a dor
Apenas adorarei o Santo
Face a face o meu Senhor.

CONTUDO EU VENCI

Você quis me fazer sofrer,
Você quis me fazer chorar,
Pois saiba que não sou um qualquer,
Que você pode derrubar,
Por isto te resisti mulher.

Sem importar com a minha dor,
Feriu o meu coração,
Fingindo que era amor,
O que era tentação,
Deixou-me sem base,
Caído ao chão,
Enfrentando dura fase.

Perdi a direção em seu caminho,
Guiou-me por tuas razões,
Abandonou-me sozinho,
Atirando-me aos leões,
Aproveitando-se dos meus devaneios,
Quis me aplicar duras lições,
Com os seus injustos meios.

Contudo eu te venci,
Me reergui fortalecido,
Pois quem hoje chora, amanhã se ri,

Você perdeu achando que havia vencido.
Nossa vida é um círculo,
Ela dá muitas voltas,
Às vezes nos dá um título,
Outras nos deixam derrotas,
Mas respeito seu estado ridículo,
Ontem deu risadas, hoje você é anedotas.

DIGO NO MEU ÍNTIMO

Eu te amo, digo no meu íntimo,
Sentimento vero límpido como a aurora,
A minha sinceridade se eleva em ritmo,
Tudo não é da boca para fora,
Em minha vida se faz presente,
É a outra parte do meu mundo agora,
Veja em meus olhos um brilho reluzente,
E acredite nesse esposo que te adora.

Meu amor, você não é capaz,
De imaginar o quanto te quero bem,
O meu coração te entreguei em paz,
Para somente buscar o que te convém.

Meu amor você é minha canção linda,
Que em meus ouvidos toca o coração,
Tem o valor do puro ouro que não finda,
Alarga a minha alma em extensão,

É a amada esposa mais que bem-vinda,
Meu colar de bênçãos e eterna paixão.

QUANDO ME VER CHORAR

Quando me ver chorar
Por favor não me console
Preciso me desabafar
Dessa dor que me engole.

Vou te confessar
Ouça-me como um amigo
O meu erro foi amar
Aquela que me deu castigo.

Ela brincou demais
Ignorou meus sentimentos
Levou a minha paz
Frustrou os meus intentos.

Choro amigo
Uma dor mais forte do que eu
Choro e te digo
Que o amor entre mim e ela morreu.

Porque acreditei
Em uns lábios mentirosos
Mais doces que já beijei

Mas ao final foram amargosos.
Cegando os meus olhos
Enganou o meu coração
Alterou os meus sentidos
Agora vivo humilhação.

Amigo melhor a prisão
Que essa dor sem fim
Grande foi a traição
Que ela trouxe pra mim.

ESTRADA COLORIDA

Era uma estrada colorida
Cores vivas agitadas
Era eu em jovem vida
Nas carreiras apressadas.

Eram cores atrativas
Que aos meus olhos seduziam
Era o mundo em fantasias
Que os braços me prendiam.

Larga e extensa esta estrada
Que feliz eu percorria
Não me agarrava a nada
Grande era a euforia.

Dia e noite, noite e dia
Minhas forças empregava
Nem tampouco arrependia
Se tudo isto me sugava.

Era o trem das alegrias
Maravilhas encantadas
Doces bocas arredias
Belas faces adornadas.

Ela veio sem companhia
E perdido eu estava
Foi estranho aquele dia
Parecia que eu sonhava.

Me envolveu, me seduziu
Já não mais me encontrava
Nunca mais alguém me viu
Nesta estrada onde eu andava.

Ela mudou o meu caminho
Era minha fada apaixonada
De caçador de descaminho
Para caça domesticada.

À BEIRA DO ABISMO

A vida livrou-me dum vasto precipício,
Me via à mercê da cela dum hospício.

Era arrazoar sobre meu extremo,
Para saber meu coração a termo.

Ponta duma torre, cume dum monte,
Nas alturas olhando o horizonte.

A um passo falso que leva ao abismo,
De mente fechada no ceticismo.

Em queda livre com os olhos fechados,
Não saberia explicar os pecados.

O espírito livre e a alma acorrentada,
O veloz poder da luz esbranquiçada.

Não há queda nem mais sofrimento,
Em um corpo vagando ao vento.

Nos membros há sustento e vigor,
A força de uma tormenta de amor.

Em desfavor nenhuma sentença,

Todo amor, a esperança e a crença.

AINDA TE PROCURO

Em meus olhos a visão mais clara para te ver, em minha vida a ocupação mais rara para poder te ter, todo o tempo te busco ininterruptamente por que você somente pode ser o meu viver.

Em meu caminho solitário, nesse conjunto planetário, você é o astro mais brilhante, minha estrela cintilante que eu ainda hei de ter, em meus pensamentos solos você ocupa a minha mente e os meus sonhos de repente se realizarão em um breve amanhecer.

Por que meu amor tanto amor assim, desde a primeira vez em que eu te vi? Dentro de mim pulsa um coração carregado de desejos com a noção intuitiva de como serão os seus beijos se um dia eu os provar, nessa ansiedade o tempo é a verdade que me faz chorar.

Em espera, mas ainda te procuro, sei que és o meu futuro, meu amor mais que promissor, não desisto, por você em tudo insisto até que seja visto o meu real valor. Faz-me feliz o seu sorriso, é como o despertar da certeza entre nós dois nos amando a sós no paraíso.

Índice

Printed by Books on Demand GmbH, Norderstedt / Germany